Mensch, sei mal stolz auf dich!

Care-Cracker: Die kleine Stärkung für zwischendurch

Mensch,

sei mal stolz
auf dich!

Care-Cracker:

Die kleine Stärkung für zwischendurch

Bibliografische Information der Deutschen Nationalbibliothek

Die Deutsche Nationalbibliothek verzeichnet diese Publikation in der Deutschen Nationalbibliografie; detaillierte bibliografische Daten sind im Internet über http://dnb.d-nb.de abrufbar.

Für alle, denen es gut tut.

Impressum

© 2010 Anne Katrin Matyssek

Herstellung und Verlag: Books on Demand GmbH, Norderstedt

ISBN: 978-3-8391-5206-5

Inhaltsverzeichnis

Dieses nette Buch gehört erfreulicherweise:

....

Gratulation!!!

Sie haben entweder einen netten Freund oder eine nette Kollegin oder sonst irgendwen Nettes in Ihrer sozialen Umgebung

– nämlich dann, wenn Sie dieses Buch geschenkt bekommen haben. Das ist in jedem Fall eine Gratulation wert: Wie schön, dass Sie so gut eingebunden sind und Menschen Sie offenbar so gern haben, dass sie Ihnen dieses Präsent gemacht haben. Sie können sicher sein:

Es kommt von Herzen!

Oder aber, Sie haben es sich selbst gekauft. Vielleicht weil Sie finden, dass Sie eigentlich viel häufiger stolz auf sich sein könnten. Einfach weil Ihnen das gut täte. Oder schlicht, weil Sie es verdient haben. Auch das ist ein gelungener Anlass für eine Gratulation:

Sie kümmern sich gut um sich.

Damit sind Sie der optimale Leser oder die optimale Leserin für diesen Care-Cracker („Kümmer-dich-Keks" – aber das klingt im Deutschen so doof, oder?). Die Care-Cracker sind Ihre kleine Stärkung für zwischendurch. Stolz macht Sie stark, garantiert!

Viel Spaß, Erfolg und gesunden Stolz wünscht Ihnen von Herzen

Ihre Anne Katrin Matyssek

„Worauf ich stolz bin!"
– Sich selber stärken können

Selbstlob ist DER Weg zum Stolz.

Wenn Sie sich selber in Gedanken positives Feedback geben, dann
bewirkt das eine Veränderung auf der emotionalen Ebene:

Wenn Sie positiv über sich DENKEN,
werden Sie sich positiv FÜHLEN.

Selbstlob stärkt die Psyche. Und das Gute daran: Sie können damit
quasi Ihr Stolzgefühl trainieren. Wie das geht? Einfach!

Ziehen Sie jeden Abend Bilanz und fragen Sie sich:

Was habe ich heute gut hinbekommen?

Am besten machen Sie das schriftlich, mindestens eine Stunde,
bevor Sie zu Bett gehen, außerhalb des Schlafzimmers. Notieren
Sie Ihre Tageserfolge zum Beispiel in einer schönen Kladde.

Und wenn es Ihnen einmal gar nicht gut gehen sollte, dann blättern
Sie einfach darin und lesen, was Ihnen schon alles gelungen ist.

Falls Sie derzeit in einer depressiven Episode stecken, dann ist die
Frage nach den Erfolgen vielleicht zu schwierig für Sie.
In diesem Fall fragen Sie sich besser: „Was von dem, das ich heute
getan habe, war kein völliger Reinfall?" Ernsthaft!

Wer stolz auf sich ist,

ist auch zufriedener

mit anderen.

„Ich hab's ja nie gelernt, stolz auf mich zu sein"

Das gibt es.

Menschen, die nur mit einem Minimum an Anerkennung und positivem Feedback aufgewachsen sind. Und sogar Menschen, die sich nur an demotivierende Äußerungen aus der Zeit ihrer Kindheit erinnern und sich noch heute als schwarzes Schaf oder ungewolltes Kind empfinden. Das ist schlimm.

Aber heute sind wir erwachsen. Wir können uns das positive Feedback selber geben (und es trainieren!).

Sie hätten zum Beispiel letztlich auch alleine Laufen gelernt – ohne Hilfe Ihrer Eltern. Es hätte länger gedauert und nicht so viel Spaß gemacht, aber durch Imitationslernen („alle laufen, das probier' ich auch!") hätten Sie es auch geschafft. Ganz sicher.

Und darauf können Sie auch stolz sein.

Das klingt jetzt komisch: als Erwachsener stolz darauf zu sein, dass man Laufen gelernt hat. Aber es kann Ihnen beweisen, dass Sie etwas in sich haben, worauf Sie stolz sein können. Sie sind nicht auf andere und ihre Lobesworte angewiesen:

Sie können und dürfen ganz aus sich heraus stolz sein auf sich.

Und Anlässe zum Stolz-Sein gibt es mehr als genug!

Lob von anderen ist
ein schönes Geschenk.

Aber wir sollten davon
nicht abhängig sein.

Jeder nette Gedanke

über mich selber

macht mich stärker.

„Wie gehe ich mit mir um? – Kleiner Selbst-Check

Wenn ich einen Erfolg hatte: Sage ich mir dann „das war typisch für mich"?	☐
Kann ich Dinge genießen ohne schlechtes Gewissen?	☐
Kann ich auch einmal 5 gerade sein lassen? Frei von Perfektionismus?	☐
Erinnere ich mich in Krisenzeiten und Niederlagen bewusst an meine Erfolge in der Vergangenheit?	☐
Können Sie anderen stolz von Ihren Erfolgen erzählen?	☐
Machen Sie sich bei Rückschlägen Mut für neue Versuche?	☐
Bemühen Sie sich bewusst um nette Gedanken über sich?	☐

Arbeiten Sie dieses Buch sorgfältig durch (und machen Sie vor allem Ihre Selbstlob-Notizen), und nehmen Sie sich diesen kleinen Selbst-Check heute in 4 Wochen noch einmal vor!

Wie Sie sich richtig auf die Schulter klopfen

Wenn Sie etwas geschafft haben (also eine Möglichkeit zum Stolz-Sein haben ...), sollten Sie dieses Erlebnis nach allen Regeln der Kunst ausschlachten. Setzen Sie sich in ein schönes Café und schreiben Sie auf:

— Was genau haben Sie gut gemacht?

— Warum war das gut? Was war das Besondere, das Sie geschafft haben?

— Wie könnten andere von Ihnen schwärmen, wenn sie Dritten davon berichten?

— Welche neue Stärke haben Sie dadurch an sich entdeckt?

— Was können Sie daraus für die Zukunft mitnehmen?

Wertschätzung
macht wertvoll.

Selbstwertschätzung
auch.

Was ich immer schon mal aufschreiben und mir an die Wand hängen wollte:

Ich schätze an mir besonders

…...……………………………………………………………...………..

Ich mag mich gern, wenn ich

…...……………………………………………………………...………..

Ich kann stolz darauf sein, dass

…...……………………………………………………………...………..

Wenn es mir mal mies geht, kann ich mich daran erinnern, wie

…...……………………………………………………………...………..

Ich bin froh und dankbar, dass ich

…...……………………………………………………………...………..

16

Rezept für schlechte
Zeiten: 3x täglich
Selbstlob ist
wie Medizin, die
schmeckt!

Engelchen versus Teufelchen

Hören Sie auf, Ihre Erfolge kleinzureden!

Wenn das Teufelsstimmchen in Ihrem Kopf
das nächste Mal flüstert:

„Das war Zufall! Du konntest doch gar nichts dafür, dass dir das gelungen ist. Das war doch auch eine Ausnahme. Und freu dich bloß nicht zu früh! Das dicke Ende wird noch kommen. Nichts ist schlimmer zu ertragen als eine Reihe von guten Tagen. Und am Abend holt dich die Katze. Nächstes Mal geht's eh wieder schief."

Dann binden Sie dem Teufelchen in der Vorstellung ein weißes Tuch um den Mund, damit es still ist. Und danach jagen Sie es vor die Tür. Sie können sich damit beruhigen, dass Sie sich sagen, es wolle Sie nur vor Überheblichkeit warnen (es meint's also auf seine ungeschickte Weise gut mit Ihnen); aber da Sie ja eh nicht zu Überheblichkeit neigen (sonst hätten Sie dieses Buch nicht ...), können Sie es gefahrlos Ihres Kopfes verweisen ...

Und dann mobilisieren Sie Ihr Engelsstimmchen.

Das gibt's nämlich auch. Allerdings ist es vielleicht etwas aus der Übung (da haben wir's wieder: Gedanken-Training ist der Weg zum Glück). Helfen Sie ihm, Ihnen Applaus zu spenden, Mut zuzusprechen und Sie hochleben zu lassen nach allen Regeln der Kunst!

Wenn der innere Kritiker mich nervt, schicke ich ihn vor die Tür!

Streicheleinheit
für die Seele:
„Das hab' ich mir
verdient!"

„Hmmm, köstlich!"
Genießen erlaubt!

Gönnen Sie sich Genuss!

Er streichelt Ihre Seele. Er macht Sie stärker. Er baut quasi einen kleinen Belastungspuffer auf. Er lädt Ihren Akku auf.

Wer das Genießen verlernt hat (vielleicht vor lauter Arbeit, Stress, Überlastung), der empfindet keinen Stolz mehr. Er ist zu ausgepowert dazu.

Auch wenn Sie an den Belastungen nicht viel ändern können, können Sie sich aber dennoch etwas Gutes tun und sich widerstandsfähiger machen, indem Sie bewusst genießen.

Genießen heißt:

Sich Zeit nehmen.

Sich auf Sinneseindrücke konzentrieren
(was höre, rieche, schmecke, fühle ich?)

Noch ein Tipp: Weniger ist mehr! Und zwei Minuten reichen.

Es gibt also keine Ausrede … Was auch immer es ist:

Genießen Sie's …

Kleine Übung für seelische Stabilität

Kennen Sie die Baum-Übung aus dem Yoga?

Dann sollten Sie sie möglichst täglich praktizieren.

Sie stärkt die Psyche und gibt Halt in schwierigen Zeiten.

Für alle Yoga-Unkundigen eine Soft-Variante:

Stellen Sie sich – am besten morgens nach dem Aufwachen – ruhig hin, die Füße hüftbreit auseinander, die Arme können locker ein paar Mal hin- und herbaumeln.

Sie brauchen sich nicht anstrengen. Einfach loslassen.

Stellen Sie sich vor, wie mit jedem Einatmen Ihre Wirbelsäule Richtung Sonne wächst. Und wie Ihre Füße mit jedem Ausatmen stärkere Wurzeln schlagen

– wie ein Baum.

Vielleicht haben Sie auch Lust, ganz sachte nach rechts oder links, vorn oder hinten oder im Kreis zu schwanken (wie eine Birke? Oder eine Weide?), um dann in der Mitte Ruhe zu finden.

Einatmend wachsen. Ausatmend fest wurzeln.

Ich weiß,

dass ich

gut bin!

"Ich will ja nicht überheblich sein"
– Selbstsicher auftreten

Manchmal bremsen wir uns selbst,
indem wir unseren Stolz lieber verstecken

– aus Angst, die anderen könnten uns für überheblich halten.

In Wahrheit ist Überheblichkeit ein Zeichen von Unsicherheit.
Echter Stolz ist etwas anderes.

Wer stolz auf sich ist, strahlt das auch aus.

Er tritt selbstsicher auf. Von ganz allein.
Aber präventiv können Sie, während Sie Ihre Selbstlob-Gedanken
trainieren, schon mal üben, selbstsicher aufzutreten.
Tun Sie einfach so, als wären Sie schon stolz.

Sie werden merken: Ganz von selbst richten Sie sich auf, während
Sie sich gedanklich Anerkennung aussprechen. Sie atmen tiefer in
den Bauch, das Brustbein ist aufgerichtet
– und das quasi automatisch, völlig ohne Anstrengung.

Einfach natürlich.

Jedes Lächeln ist
Ausdruck von
Wertschätzung.

Auch, wenn man sich
selbst zulächelt.

„Ich darf auch mal versagen"

Verabschieden Sie sich

— nur heute, ausnahmsweise —

von Ihren Perfektionsansprüchen! Die können einem nämlich ganz schön das Leben zur Hölle machen.

Wer seine Messlatte zu hoch hängt, muss lange warten, bis er sich stolz fühlen kann.

Das ist unpraktisch.

Zu hohe Ansprüche an sich selber sind Glücksverhinderer.

Gleiches gilt für den Anspruch, immer alles richtig zu machen, allen Menschen zu gefallen, nie einen Fehler zu machen, immer schnell sein zu wollen.

Das kann nicht gelingen.

Und es wäre auch nicht sympathisch.

Perfekt wirkende Menschen sind anderen unsympathisch. Man mag sie nicht, weil man sich nicht mit ihnen identifizieren kann. Also:
Erlauben Sie sich auch mal eine Schlappe!

Strichliste

Schärfen Sie doch einmal Ihren Blick für selbstwertförderliche Gedanken bzw. Gedanken, die Stolz ausdrücken! Führen Sie die folgende Strichliste für mindestens 3 Wochen! Die Häufigkeit wird zunehmen, garantiert!

Tag der Woche:	Gedanken, die Stolz ausdrücken:

27

Wie gut

für die Welt,

dass es mich gibt!

Was soll auf Ihrem Grabstein stehen?

Erschrecken Sie nicht, dass Sie sich mit dieser Frage auseinander setzen sollen. In einer ruhigen Minute lohnt es sich aber, nach Antworten zu suchen. Nur so als Gedankenspiel.

Die Frage zeigt uns, was wir in unserem Leben für wichtig halten.

Und worauf wir stolz sind.

Vielleicht zeigt sie uns auch, was wir in Zukunft noch angehen möchten, um noch zufriedener mit uns selbst zu sein.

Vielleicht gibt es Herausforderungen,
die Sie noch meistern wollen?

Dinge, deren Bewältigung Sie NOCH stärker machen könnte?

Dann sollten Sie sie angehen …

Oder vielleicht gibt es Situationen oder Erlebnisse, die Sie unbedingt ausprobieren möchten?

Dann sollten Sie auch die angehen …

Es gibt kaum etwas Schöneres, als rückblickend sagen zu können:

**„Und ich bin heute noch stolz auf mich,
dass ich das gemacht habe!"**

Je mehr ich in mich investiere, desto wertvoller werde ich

(auch für mich).

CareCard für Menschen, die stolz auf sich sein können oder das lernen wollen

Ich weiß im Hinblick auf mich selber:

- Die wesentlichen Dinge habe ich allein gelernt.
- Ich hatte schon viele Erfolge in meinem Leben.
- Mein positives Selbstbild kann ich trainieren.
- Wichtig ist, dass ich in Gedanken nett zu mir bin.
- Selbstlob tut mir gut.

do care!

Ich weiß im Hinblick auf andere:

- Perfektionismus wirkt auf andere abschreckend.
- Ich bin nicht abhängig von der Anerkennung anderer.
- Ich brauche mich nicht zu verbiegen für Sympathien.
- Ich darf Fehler machen, sogar mal versagen.
- Und ich darf stolz sein und Selbst-PR betreiben.

do care!

Ich bin einzigartig –

und das

ist auch gut so!

Ich darf anders sein als andere
– Mut zur Individualität

Passen Sie auf, dass Sie sich nicht anderen zuliebe verbiegen!

Für die Anerkennung und – im ersten Schritt – für die Sympathie anderer sind wir oft bereit, viel zu tun.

Manchmal steht das nicht im Einklang mit unseren eigenen Wünschen und Vorstellungen. Wir tun es nur anderen zuliebe.

Das ist nicht gesund.

Wagen Sie, sich so zu geben, wie Sie sind.
Dann kann Ihr Blutdruck sinken, ebenso Ihre Muskelanspannung.

Denn Sich-Verstellen-Müssen ist anstrengend.

Es gibt schon genug angepasste graue Mäuse und Pokerface-Träger im Arbeitsleben. Sie sollen nicht der bunte Papagei sein oder der Clown der Abteilung

– aber Sie sollten so authentisch wie möglich leben.

Dann fällt es auch leichter, stolz zu sein.

Habe ich mir heute schon gesagt, dass ich mich okay finde?

Leitfaden für mehr Stolz + ein positives Selbstbild

- Seien Sie großzügig mit Selbstlob! Notieren Sie jeden Abend vor dem Schlafengehen, was in Ihrem Leben an dem Tag gut gelaufen ist. Und am Wochenende ziehen Sie eine Bilanz! Und auch das bitte großzügig!

- Trainieren Sie täglich selbstwertförderliche Gedanken („ich hab schon ganz andere Sachen hinbekommen"; „was der Schmidtke kann, kann ich schon längst"; „der Chef traut's mir zu, also bin ich dem Job wohl gewachsen" etc.)

- Denken Sie STOPP, wenn Sie sich bei einem Miesmacher-Gedanken ertappen! Die kommen meistens aus der Kindheit („Deine Schwester kann das viel besser", „Du kriegst auch gar nichts auf die Reihe etc.") – heute sind Sie erwachsen!

- Suchen Sie sich jede Woche mindestens 1 Herausforderung! Wagen Sie etwas Neues, das Sie fordert und fit hält. Je mehr Sie „Veränderungen trainieren", desto stärker sind Sie ihnen im Ernstfall gewachsen!

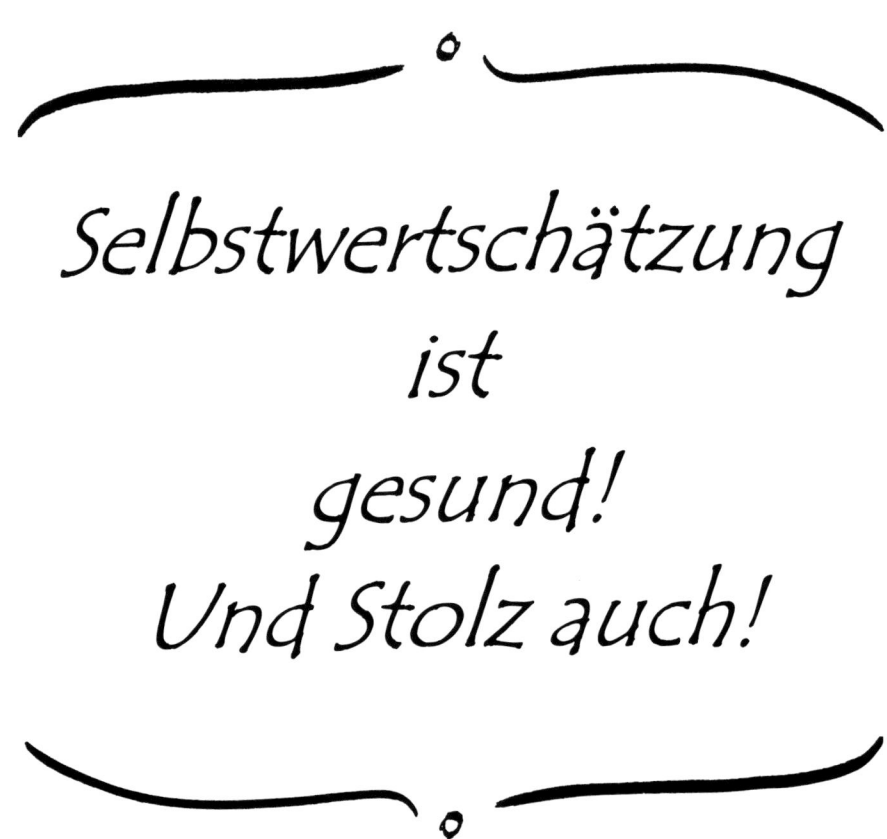

Selbstwertschätzung
ist
gesund!
Und Stolz auch!

Selbstlob ist gesund!
– und schützt vor Depression

Inzwischen weiß man auch aufgrund vieler Studien:

Selbstwertschätzung ist ein Gesundheitsfaktor.

Wer an sich selber glaubt, traut sich auch für die Zukunft neue, herausfordernde Dinge zu – und er ist bereit, etwas dafür zu tun, er ist aktiv. Das nennt man funktionalen Optimismus.

Und der hält nachweislich gesund.

Wer stolz ist, setzt Endorfine frei, also Glückshormone.

Die tun gut.

Wer stolz auf sich ist, hat eine positive Ausstrahlung. Das wirkt auf andere anziehend

(vorausgesetzt man protzt nicht – aber wer es nötig hat zu protzen, dessen Stolz steht eher auf tönernen Füßen).

Stolz weckt in uns,
was in Krisenzeiten still vor sich hinschlummert:

Zutrauen, Sicherheit, Einsatz, Durchhaltevermögen, Dankbarkeit.

Und er macht emotional stabil und wirkt damit wie ein kleiner Schutzwall gegen depressive Verstimmungen.

Was man mir zu-
traut, kann ich auch.
Wenn man mir
nichts zutraut, kann
ich auch nichts.

„Why not?!“
Schluss mit der Bescheidenheit!

Wenn das nächste Mal eine Sonderaufgabe an Sie herangetragen wird: Stöhnen Sie nicht gleich innerlich „als hätte ich nicht schon genug zu tun" oder „wie soll ich das denn schaffen" oder „das ist doch ein Job für Profis"!

Im Gegenteil.

Meine Empfehlung lautet: Reißen Sie sich um Sonderaufgaben (sofern sie über billige Routine hinausgehen). Sehen Sie darin eine Chance, sich und anderen zu beweisen, was in Ihnen steckt!

Für Ausnahmezeiträume (vorher schon die Befristung festlegen!) ist der Mensch auch zu Ausnahmeleistungen ohne Überforderungssymptome in der Lage,

aber nur, wenn er sie freiwillig auf sich nimmt!

Dann erlebt er die Aufgabe als Herausforderung, als Kitzel. Das motiviert zu Höchstleistungen. Überlegen Sie sich, welcher Auftrag oder welches Projekt für Sie eine echte Herausforderung (jenseits der Alltagsroutine) bedeuten würde.

Und dann bemühen Sie sich aktiv darum!

Und wenn Sie es fertig gestellt haben, bemühen Sie sich genauso aktiv um ein positives Feedback von anderen!

„Das ist mein Werk!"
– Selbst-PR im Arbeitsleben

Kennen Sie das auch: Befördert werden immer die falschen.

Immer die, die schwätzend in der Teeküche stehen, statt zu arbeiten. Wieso?! Weil man sie kennt. Man mag darüber entsetzt sein, bestimmt aber enttäuscht: Diese Menschen betreiben Gesichtspflege. Man kennt sie.

Damit haben sie dem Otto-Normal-Mitarbeiter und der Otto-Normal-Mitarbeiterin viel voraus. Auch und gerade in Zeiten rasch wechselnder Führungsbeziehungen, also wenn Unternehmen sich häufig umstrukturieren. Dann muss man sich bemerkbar machen.

Im edelsten Fall natürlich über Leistungen. Notfalls geht es aber – wie offenbar bei den Schwatzschwalben – auch ohne …

Erzählen Sie in Meetings von Ihren Leistungen. Bringen Sie Vorschläge ein, damit man Ihr Gesicht und Ihren Namen kennt. Machen Sie aus diesen „Gesichtspflege-Übungen" kleine Tests, die Sie sich selbst auferlegen: Beweisen Sie sich, dass Sie das auch können (wenn nicht mündlich, dann schriftlich).

Und fragen Sie Ihre Führungskraft: „Und? Wie hab' ich das gemacht?!" Holen Sie sich so Ihre Lorbeeren! Im schlimmsten Fall (!) erfahren Sie, was Sie besser machen können.

Seien Sie sich nicht zu schade für PR in eigener Sache! Die gehört einfach dazu.

Das mag man traurig finden, aber so ist es nun mal. Finden Sie sich damit ab!

Eigene Ideen

Wie können Sie sich sonst noch zeigen, dass Sie stolz auf sich sind?

....

....

....

....

....

....

....

Wer großzügig sein möchte mit Anerkennung für andere, darf bei sich selbst beginnen.

Eigenlob stimmt!

Das ist nicht nur der Titel eines netten Buchs von
Sabine Asgodom, sondern auch eine wunderbare Empfehlung
gerade für diejenigen, die eher selbstkritisch sind und aus ihrer
Kindheit nur den anderen Spruch kennen („Eigenlob stinkt").

Fürchten Sie nicht, dieser Tipp könnte nach hinten losgehen und
Überheblichkeit könnte sich einstellen – in der Praxis sind die
meisten Menschen von Grund auf bescheiden.

Und für die anderen gilt: Wer angibt, hat's nötig.

Auch hinter dem dicksten Dienstwagen steckt nur der Wunsch
nach Wertschätzung – indem man sich und anderen zeigt:
„Sieh mal, so viel bin ich wert!"

Seien Sie also ruhig großzügig mit Selbstlob.

Ich bin sicher, Sie haben es verdient. Und Sie werden umso
großzügiger auch hinsichtlich der Anerkennung anderer.
Wer sich reich (beschenkt) fühlt, gibt auch gern.

Abgesehen davon verbessert Selbstlob die Stimmung – und das tut
wiederum allen gut. Als Einstiegsvariante können Sie sich beim
Feierabend-Machen innerlich auf die Schulter klopfen und denken:

„Das hab' ich mir verdient!"

URKUNDE

für den besten Ich, den ich habe:

....

Ich erhalte diese Auszeichnung für folgende besondere Verdienste
um mich selbst, um andere, um meine Firma:

....

Das bestätige ich beschwingt, hocherfreut und gut gelaunt mit
meiner eigenen schwungvollen Unterschrift:

Care-Cracker
– Die kleine Stärkung für zwischendurch

Care-Cracker („Kümmer-Kekse") – unter diesem Namen erscheinen leicht verständliche und psychologisch fundierte Tipps für mehr (Selbst-)Wertschätzung und zur Stärkung der Psyche und des Wohlbefindens. Informieren Sie sich auf www.care-cracker.de über die bislang erschienenen Care-Cracker, zum Beispiel:

Mensch, mach' mal Pause!

- Endlich richtig abschalten!
- Wie Sie Ihre Erholungsfähigkeit erhalten
- Tipps + Merksprüche für richtig gute Pausen

ISBN 978-3-8391-6633-8

Mensch, sag' doch mal NEIN!

- Endlich Schluss mit (Selbst-)Überforderung
- Wie Sie mit dem Gewissen fertig werden
- Tipps + Merksprüche für selbstsicheres Auftreten

ISBN 978-3-8391-2399-7

Mensch, entspann' dich mal!

- Anspannungen raus- und loslassen
- Wie Sie sich gedanklich „runterholen" können
- Tipps + Merksprüche für größere Gelassenheit

ISBN 978-3-8391-2516-8

Mensch, sei mal stolz auf dich!

- Schluss mit der falschen Bescheidenheit!
- Wie Sie sich richtig auf die Schulter klopfen
- Tipps + Merksprüche für ein positives Selbstbild

ISBN 978-3-8391-5206-5

Mensch, bin ich froh, dass es dich gibt!

- Statt Lied, Blumen, Pralinen – beruflich und privat
- Danke sagen + Wertschätzung zeigen von Herzen
- Tipps + Merksprüche für gelingende Beziehungen

ISBN 978-3-8391-2681-3

Dr. Anne Katrin Matyssek

Jahrgang 1968, Diplom-Psychologin und approbierte Psychotherapeutin

arbeitet seit 1998 als Rednerin, Trainerin und Beraterin zu Betrieblichem Gesundheitsmanagement für Verwaltungen und Firmen der freien Wirtschaft zum Thema:

Gesundheitsgerechte Mitarbeiterführung durch
       Wertschätzung im Betrieb

Autorin mehrerer Bücher

Referenzen finden Sie unter: www.do-care.de

Ich freue mich, wenn Ihnen dieses Buch gefallen und geholfen hat. Weitere Infos und Anregungen finden Sie auf meiner Website: **www.do-care.de**

Dort können Sie auch gern meinen **kostenlosen Newsletter** abonnieren. Er erscheint mehrmals pro Jahr als e-Mail und enthält Lesenswertes zum Beispiel zu:

- Klarkommen mit dem Kränker-Chef
- Abschalten lernen – das können Sie auch!
- Die Psyche stärken im Job etc.

Und es gibt 2 Podcasts: Hör-Impulse für mehr Wertschätzung im Betrieb (die Podcast-Pause und den Gesund-Führen-Podcast für gute Chefs).

Von Herzen alles Gute wünscht Ihnen

Ihre Anne Katrin Matyssek

Das do care! ®-Programm
für mehr Wertschätzung im Arbeitsleben

Ich unterstütze Sie gern bei Ihrem Anliegen, die zwischenmenschliche Gesundheit in Ihrem Betrieb zu verbessern. Und natürlich freue ich mich, wenn Sie mich als Rednerin engagieren möchten. Informieren Sie sich einfach auf meiner Website über meine Vorträge:

www.do-care.de

Für den Fall, dass Sie in Eigenregie aktiv werden möchten, habe ich mehrere Materialien entwickelt, die Ihnen eine Unterstützung liefern können:

- die „**Bausteinbox für gesunde Kommunikation**" (Jahresbegleiter für eine wertschätzende Unternehmenskultur – 26 Motive mit Texten im praktischen Tischaufsteller) – 39,80 €, siehe www.do-care-shop.de
- unterstützt wird die Box durch 26 Folgen der sogenannten „**Podcast-Pause**" – 5 Minuten für mehr Wohlbefinden im Job; kostenlos zu hören unter: www.podcast-pause.de
- **Seminare, Workshops und Vorträge** zu den Themen „Mensch, du bist wichtig! – Mehr Wertschätzung im Betrieb" und „Gesund führen"; Angebote hierzu finden Sie unter www.do-care.de

Weitere Bücher und Angebote (Auswahl)

Meinen Online-Shop finden Sie im Internet unter www.do-care-shop.de

Abschalten lernen in 3 Wochen.
CD plus Begleitheft (24 Seiten, durchgehend vierfarbig)
2. Auflage Dezember 2008 (1. Aufl. Oktober 2008)
ISBN 978-3-00-026020-9
do care! 2008 – 24,95 € (D)

Pilates für die Psyche. Wie Sie
trotz Arbeitsbelastungen gesund bleiben.
ISBN 978-3-8370-6985-3
Paperback, 52 Seiten – € 8,99 (D)
do care!, Düsseldorf 2008

Anmerkung: Es geht nicht um Pilates,
sondern um einfache verhaltenstherapeutische
Tipps für eine starke Psyche.

Führung und Gesundheit. Ein praktischer Ratgeber zur
Förderung der psychosozialen Gesundheit im Betrieb.
ISBN 978-3-8391-0639-6
do care! 2009 – 22,90 € (D)

Auch die im Buch beschriebenen **CareCards** im Kredit-
kartenformat (PVC; 0,75 mm dick) können Sie bei mir
bestellen (www.do-care-shop.de).